قرارمان آذر

Shayan Iroomloo Tabrizi

Published by Shayan Iroomloo Tabrizi, 2024.

While every precaution has been taken in the preparation of this book, the publisher assumes no responsibility for errors or omissions, or for damages resulting from the use of the information contained herein.

قرارمان آذر

First edition. April 25, 2024.

Copyright © 2024 Shayan Iroomloo Tabrizi.

ISBN: 979-8224934508

Written by Shayan Iroomloo Tabrizi.

برای مادرم

مقدمه

فصل بهار، از گذشته تا امروز، همیشه نماد نو شدن و تازگی در ادبیات و شعر جهان بوده است. اما حقیقت چیزی دیگر است؛ بهار همواره تنها تظاهر به نو شدن دارد. تظاهر به عشق، جوانی و زیبایی. زیرا چیزی جز این برای ارائه ندارد. اما حقیقت چیست؟

جوانی فانی است و به بلوغ، عشق و میانسالی، و در نهایت، مرگ می‌انجامد. مرگ، همان حقیقت بی‌چون و چرا، همان مطلق و بالقوه‌ای است که در نهایت بالفعل می‌شود. این گردش، همان چرایی بی‌جواب است که نه در هنر و نه در شعر و ادبیات هنوز پاسخی برای آن نیافته‌ایم. نظریات مختلفی از سوی علوم گوناگون درباره این چرایی ارائه شده است، اما هیچ‌کدام مطلق و بی‌چون و چرا نبوده‌اند.

هایکو چیست؟

هایکو کوتاه ترین سبک شعری در ادبیات جهان است که اصالت ژاپنی دارد و از هایکونورنگا که خود یک سبک بلند تر ژاپنی است، نشات گرفته. این سبک شعری در جهان کم طرفدار نیست اما در ایران به این سبک شعری کمتر توجه شده است. گفته می شود که حسن فیاد از نخستین کسانی بود که هایکو های ژاپنی را به فارسی ترجمه کرد و پس از او جناب شاملو و سهراب سپهری دریچه های هایکو های ژاپنی را به روی قشر کتابخوان ایرانی باز کردند.

با اینکه از دهه 40 شمسی شاعران بسیاری در ایران، هایکو سروده اند اما من هنوز بر این باورم که هایکو در ایران نادیده گرفته شده و کمتر در مقالات مهم ادبی جایگاه دارد. یا کمتر در بنیادهای شعری یا همایش ها از هایکو صحبت می شود.

حال به خود هایکو بپردازیم، هایکو کلاسیک دارای قواعد پیچیده و قافیه نیست. همینطور دارای وزن شبیه به اشعار کلاسیک فارسی و انگلیسی نیست. این نقاشی های به اصطلاح متن شده با سه سطر ما را به دنیای خودش می‌کشاند. دنیایی که به ذن و نقاشی‌های ژاپنی می‌رسد، زیرا مبدأ اصلی آن «نیپون کوکو» یا خاستگاه خورشید است. اگرچه قوانین پیچیده ندارد اما به این معنی نیست که کلا از بی قانونی پیروی می‌کند. هایکو ژاپنی(کلاسیک) از هفده مورا (هجی) تشکیل شده که به ترتیب از سطر یک تا سه، دارای پنج، هفت و دوباره پنج هجی است. و دیگر ویژگی خاص هایکوی ژاپنی حضور پررنگ کیگو (فصل واژه) است که موجب رنگین شدن شعر و ابراز حس توسط فصول سال میشود. علاوه بر این در هایکو از کیره هجی (برش واژه‌ها) در انتهای یکی از سه پاره های شعر استفاده می‌شود، که باعث آهنگدار شدن و وزن دار شدن شعر می‌شود.

اما هایکوی من...

اما هایکوی من! هایکوهای من برای دیده شدن، سختی‌های زیادی کشیده‌اند. آن‌ها درون‌مایه‌ای عاشقانه، غمگین و گاه تاریک دارند. گاه کلاسیک‌اند و از قوانین سخت شعر ژاپنی پیروی می‌کنند، گاه مدرن‌اند و قوانین را می‌شکنند. اما تنها مشخصه‌ی همیشگی‌شان، انزوا و تنهایی است، همان تنهایی که از لحظه‌ی تولد تا مرگ، دوست و همراه همیشگی انسان است.

در نهایت، این کتاب تنها نتیجه یک سال از نقاشی‌های ذهنی من نیست که صرفاً چند سطر برای خیال‌پردازی خواننده باشد. بلکه این کتاب تلاش‌های بی‌وقفه یک نویسنده است که چندین سال به دنبال چاپ تخیلات خود و انتقال آن‌ها به دنیای ادبی بوده است. از برادران عزیزم، آروین زارعی و علیرضا گشتایی، و همچنین از تمام دوستانی که در این راه مرا یاری کرده‌اند، سپاسگزارم. و در پایان، از خودم که در طول این مسیر همیشه به خودم ایمان داشتم، تشکر می‌کنم.

شایان آیرملو تبریزی

1

کوچ کردند پلیکان‌ها به آشیانه‌هایشان

از زمستان،

و من، به زمستان

که آینه دیوانه بود

مرا به من نشان می‌داد

اما من، تو را می‌خواستم

3

دوست‌دارم ساعت‌ها در آغوش بگیرمت.

و این را، شاید، فقط،

ساعت‌ها می‌دانند.

4

زمستانم
سرد، بی رمق، بی نگاه
بی تو .

5

باز هم چایمان سرد شد

آنقدر که در نبودت

به دیوار خالی زل زدم.

6

بیا، باز هم بازی کنیم.

باز هم من چشم می‌گذارم.

اما جان عزیزت، این بار پیدا شو .

7

بی‌تو

هر شبم

یلداست

8

یلدا تویی،

هر چه پس از تو

فقط، صبح زمستان است.

9

نوشتم،

¹² نوشتم،

نوشتم؛ پاک کردم.

10

زمان در کافه‌هایی که باهم بودیم می‌ایستد

قهوه‌ام سرد می‌شود

و من، خاطراتمان را می‌نوشم

11

چشمانت، غزلی از حافظ است

و من، مرد لالی

که حافظ می‌خواند

12

برگهای زرد
جایشان را به ساقه‌های خشک دادند
و رد پایت، جایش را به برف‌ها

13

نامم را صدا بزن

در این شهر فقط

تو می‌دانی که چگونه برمی‌گردم

14

این شهر، تو را در خودش حل کرده

هیچ‌کجا نیستی

اما، همه‌جا می‌بینمت.

15

تنهایی کوهی‌ست که فاصله دارد.

باکویر ، با دریا، با جنگل

حتی، با خودش

16

روزهایم اینگونه می‌گذرند

نیمش با یاد تو

و نیم دیگرش به یاد تو

17

چقدر غریبانه

در نبودت

هر شب را، تا صبح مردم

18

روزی ده تسبیح میگویم

اللهم دعنی أنساها...

لا، لا قدر الله

19

بیا راه‌مان را جدا کنیم

تو به سمت من بیا

من سوی کویت بدوم

20

تمام خواهد شد

رنجی که هر روز، در خلا

گریه می‌کند مرا.

21

سکوت!
تنها موسیقی که زیر ماهتاب
با شاخه‌ها به یادت گوش می‌دهم.

22

و این فقط سایه‌ی توست،

که بعد از طوفان کویر قلبم،

باقی‌ست.

23

گاهی با خودم می‌گویم:

شاید مرده‌ام،

که تو را دیگر نمی‌بینم.

24

این دوری آخر مرا خواهد کشت.

مزارع آفتابگردان را ببین.

بهار تا تابستان، اسیر رگبار می‌شوند.

25

تو سرزمین مادری‌ام هستی.

از تو هجرت کردم،

اما هرگز فراموشت نمی‌کنم.

26

دلتنگی‌ات را در چمدان جمع خواهی‌کرد

از مسیر علف‌زار به سمتم راهی خواهی شد

و سخت در راه گورستان گریه خواهی‌کرد

27

تو بهانه‌ات را
برای رفتن یافتی.
من برای، مردن.

28

"حالم خوب خواهد شد.

حالم، آه..."

باز ، صورتش را پاک کرد

29

تمام‌مان خاکستر شد،

اما ذره‌ای از ما

هنوز می‌سوزد.

30

عکس‌هایمان را نگاه می‌کنی؟

مرا که هنوز دیوانه می‌کند

استرس دیدن عکس چشم‌هایت!

31

باید حتما

مرگ را تجربه کنم

این‌بار حتما، تمام می‌شود

32

هنوز هم شب‌ها حرف می‌زند.

دخترک دهاتی، زیر نور ماه،

با من، در من.

33

آبستن تاریخیم.

زنده زنده

با تاریخ، در تاریخ، دفنمان کنید.

34

کلاغ‌هایمان

برای بازگشتت

روزشماری می‌کنند.

35

با خرمالوها آمدی

در گلاب‌گیری رفتی

همراه انجیرها برگرد.

36

چقدر در روبه‌رویم

بعد از تو

دیوار شد

37

درختان غوره حیاط
بعد از تو
فقط شراب می‌دهد

38

من کویرم

۴۱

و تو آن ابر بهار

بر تن خشک و سیاهم، تو ببار

39

عجب جایی پناهم دادی

پشت خاطرات زمستان

زیر آوار

40

مو هایش را بافته،

انگشت لای پیچ‌هایش می‌کند

زیر باران سرد، دخترک روستایی

41

ما به موج ها رسیدیم

موج ها خبر آوردند

اقیانوس تمام خاطرات را غرق کرد

42

در نهایت این تاریکی تمام خواهد شد

نور را خواهم یافت

اگر خورشیدی وجود داشته باشد

43

به کافه همیشگی رفتم

دو قهوه سفارش دادم

یادم نبود که رفته‌ای

44

تقویم سیصد و شصت و پنج روز را نشان می‌دهد

اما آینه سیصد و شصت و پنج سال

بدون تو را

45

دیگر فراموش کرده‌ام

شب‌هایی را که بدون تو

به بودنت فکر می‌کردم

46

سال‌ها باید سپری شوند

تا فراموش کنم

که فراموشت نکرده‌ام

47

مثل سایه‌ام هستی زیر نور مهتاب

دوان دوان می‌آیم

دوان دوان می‌روی

48

یادم می‌آید

بغض می‌کنم، می‌خندم

و دوباره بغض می‌کنم

49

هر شب روی دیوار اتاقم

سایه‌ی مردی تنها سیگار می‌کشد

و بعد، آرام می‌میرد

50

این شهر را شلوغ دوست‌دارم

شاید کسی را لحظه‌ای ببینم

که شبیه تو باشد

51

ناگهان زمستان می‌شود

در تابستانی پر حرارت

که به تو فکر می‌کنم

52

چیزی تمام نمی‌شود

سوز زمستان نوید غنچه‌های بهار را می‌دهند

غنچه‌ها نوید گلهای تابستان را و گلها، فراق و سوز را

53

از سیاست سر در نمی‌آورم

هر چهار سال یک‌بار

به بازگشتت رأی می‌دهم

54

گفتند: "برای رأی دادن کارت ملی لازم نیست"

کاش روزی برسد بگویند

برای دیدنت، دیگر انتظار لازم نیست.

55

تاریکی آسمان را پوشانده

صبح نخواهد شد

مگر چشمانت را باز کنی

56

می‌دانستی زیر آوار نگاهت می‌میرم

فقط نگاهم کردی

بعد حتی نگاهم نکردی

57

من، خالی‌ترین پارکینگ

در شلوغ‌ترین محله

ظرفیت خالی: یک

58

این اصلا عادلانه نیست

مگر انسان یک جان بیشتر ندارد؟

پس چرا من هر شب می‌میرم؟

59

از پنجره می‌وزم، بدون سایه

موهایت را می‌بویم، می‌روم

هنوز بر تخت چون گل آرمیده‌ای

60

لابه‌لای موهایت باید شعر شد

خزید و به افسانه‌ها رسید

بوسید، به انتها رسید

61

بین ما فاصله‌ای چون دریاست

فاصله پر شدنی‌ست

مثل پیراهن من، با تن تو

62

دخیل بسته هر کس به چیزی در این سفر

این بی‌نوای بی‌خدا

به موج موی لختت بسته است

63

چشم‌ها منتظر

دست‌ها ملتمس

و اینگونه مرزها، انسان را می‌کشند

64

"به نظر دیر خواهی کرد"
این را می‌گوید، عکس را می‌بوسد
و از پشت بام به پرواز در می‌آید

65

از مقابل نگاهم تا به دورترین ایستگاه

می‌گذری، می‌گذری، می‌گذری

و من، فقط، نگاه

66

پس غروب می‌کند

آنچه درون من است

و طلوع می‌شود آنچه درون تو نیست

67

می‌شکند

سکوتِ سفیدی اتاق را

سرفه‌های خونینش

68

چشمانت

نگاهت

قلبم ...

69

لبانش سرخ بود

حتی زمانی که

تمشک وحشی نمی‌خورد

70

زنی پابه‌ماه تنها

زیر باران بهار

نگاه می‌کند، جوانان عاشق را

71

باد و بوران

باران،باران، باران

سیل، وای، آه

غرق می‌شوم
لابه‌لای عمق وحشی نگاهت
آنی

73

"چه کسی می‌داند کی تمام می‌شود؟"

این را زمزمه کرد

و آرام سر بر زمین گذاشت

74

کنار م نشسته، زنی لکاته

آرام، نسکافه‌اش را مزه‌مزه می‌کند

می‌رود

75

خودت را بخشیدی چون دوستش داشتی

تو را بخشیدم چون دوستت داشتم

تمام نقطه

سکوت شدم

تا برایت

ترانه‌ها بگویم

77

بارها مردیم

اما هنوز

زنده‌ایم

78

هر شب
سربازان بی‌وطن
در سرم خودکشی می‌کنند

79

من از زمستانم، تو، کوچه‌ی پاییز

لعنت به آن روزِ

شکوفه‌ی گیلاس

80

"برای آخرین‌بار می‌پرسم

دوستم داری؟"

و عکس را می‌بوسد

81

گوشه‌ی راست لبم

هنوز طعم انار می‌دهد

همانی که یلدا نخوردیم

82

این زوج‌ها چه می‌خواهند؟

از تن شبزده‌ی

خیابان‌های تهران

83

مرغان دریایی به دنبال شکار

و ماهیان در انتظار شکارچی

هر دو می‌رقصند.

84

حالا دیگر دور می‌ایستم

زیر باران هنوز

دلچسب است تماشایت

85

دیگر پوست نمی‌اندازد

مار چشم آبی که

چند سال پیش عاشق شد

87

پاییز، زیر باران سیگار می‌کشند

زمستان یخبندان است

اما، اگر تو مال من بودی...

سال‌هاست این جاده‌ی گندم را

هر روز پیاده تا ناکجا می‌روم

کمی جای تو، کمی جای خودم

88

تمام می‌شود همه چیز

مثل آهنگی که برایم می‌خواندی

فقط زخم‌هایش روی تن کویری‌ام مانده است

89

خوب بگرد،

دیوانه‌ای زیر باران پیدا کن

که هنوز عاشقت باشد

90

باد روی موهایت می‌رقصد

چشمانت پشت عینک

بدون لبانت، همیشه می‌خندد

91

تو می‌روی، هر روز

از آخرین راهِ

بورانی قلبم

92

۹۵

در دلم روشن است

برمی‌گردی

خورشید بهمن

93

کدام بیشتر می‌بارند،

ابر آبانی

یا توله سگی که رهاشده؟

94

روزام بعد از تو

رؤیای پاییزه

اما؛ زمستونه

95

هراسان!
آفتاب‌گردانی در زمستان
خورشید را پشت ابرها می‌جوید

بچه‌گنجشک

بهار

تگرگ

97

در مسلخ تو تن شدم

بنشین،

به قلبم گوش کن

98

قرارمان سبز است

اواخر پاییز

حوالی شیراز

About the Author

Shayan Iroomloo Tabrizi is an Iranian writer, poet, film critic, researcher, and artist born on January 23, 1996, in Tehran. He holds a bachelor's degree in microbiology and a master's degree in dramatic literature. Over the past decade, he has written numerous stories, screenplays, and plays, alongside serving as the editor of an academic arts magazine.

His artistic achievements include publishing several books in Iran and Canada, directing a short film, and acting in theatre, films, and TV series. As a film critic, he has written analytical reviews on Iranian and world cinema, focusing on themes, cinematic techniques, and narrative structures. His critiques have been published on his personal website as well as in a Persian magazine in Vancouver.

Beyond writing and cinema, he is also a passionate photographer, specializing in street photography. His works have been recognized in competitions in Vancouver, and he has won awards for his compelling visual storytelling.

Currently residing in Vancouver, British Columbia, he continues to explore storytelling through literature, cinema, and photography, seeking to capture emotions and narratives that transcend time and space.

Read more at https://shayaniroomlootabriz.com/.